Impressum
Verlag: BABADADA GmbH, Nedderfeld 112 , 22529 Hamburg
Geschäftsführer / Verlagsleitung: Harald Hof
Druck: Books on Demand GmbH, In de Tarpen 42, 22848 Norderstedt

Imprint
Publisher: BABADADA GmbH, Nedderfeld 112 , 22529 Hamburg, Germany
Managing Director / Publishing direction: Harald Hof
Print: Books on Demand GmbH, In de Tarpen 42, 22848 Norderstedt

duɗal
shule

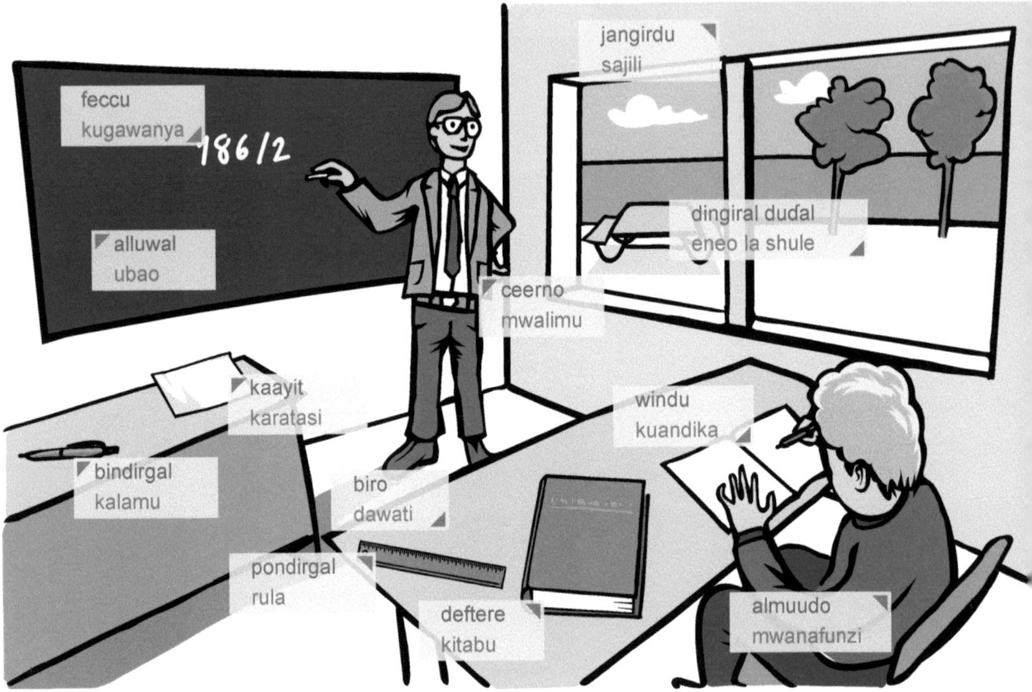

jangirdu
sajili
feccu
kugawanya
186/2
dingiral duɗal
eneo la shule
alluwal
ubao
ceerno
mwalimu
kaayit
karatasi
windu
kuandika
bindirgal
kalamu
biro
dawati
pondirgal
rula
deftere
kitabu
almuudo
mwanafunzi

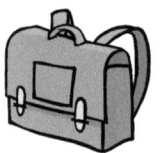

sakosel
mkoba

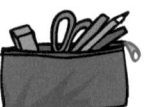

suudu kuɗol
kikasha cha penseli

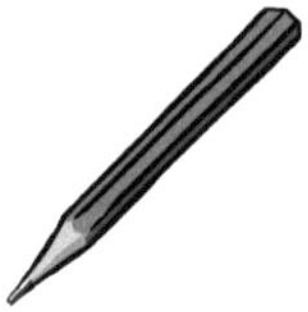

kuɗol
penseli

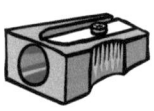

ceeɓnoowo kuɗol
kichonga penseli

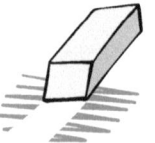

momtirgal
mpira

nokku diidirɗo
pedi ya kuchora

diidgol

uchoraji

diidirgal

brashi ya rangi

suudu diidordu

sanduku la rangi

sisooje

mkasi

kol

gundi

deftere softinorde

daftari

coftinogol

kazi ya nyumbani

tongoode

nambari

ɓeydu

jumlisha

ustu

ondoa

hebbin

zidisha

lim

kokotoa

bataake

barua

hijju

alfabeti

kongol

neno

windande

maandishi

jangu

kusoma

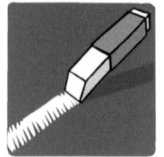

bindirgal

chaki

darsu

somo

windaade

sajili

ÿeewtogol

uchunguzi

ijaazi

cheti

wutte jaŋirɗo

sare za shule

jaŋde

elimu

ɗowitorde mawnde

elezo

jaaɓi haatirde

chuo kikuu

mokoroskop

darubini

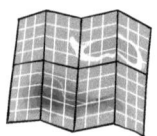

wertaango

ramani

siwo mbalis

kikapu cha kuweka karatasi
chafu

ɗannaade
usafiri

otel
hoteli
Grand
hoɗirdu
hosteli
ROOMS
EXCHANGE
nokku beccirɗo
ofisi ya ubadilishanaji
woliis
sanduku
oto
gari

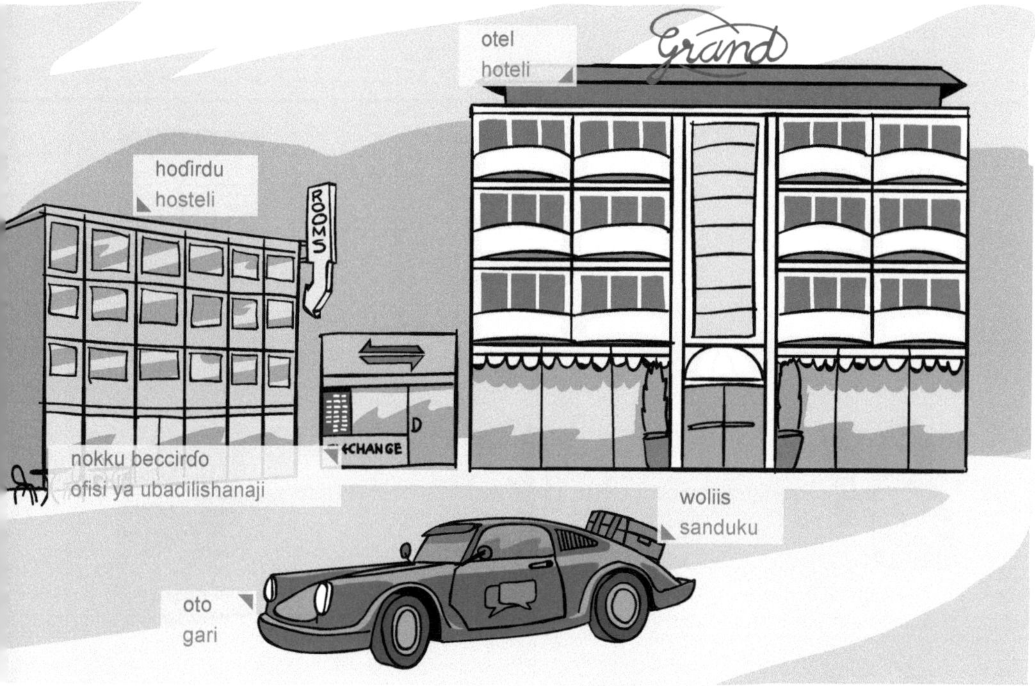

ɗemngal

lugha

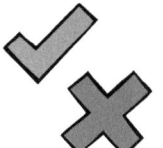

ey / ala

ndiyo / la

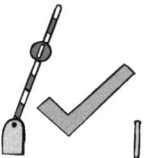

Eyyo

sawa

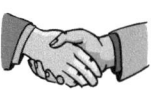

mbaɗɗa

hujambo

pirtoowo

mtafsiri

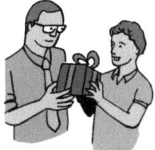

jaraama

Asante

hono foti...?

kiasi gani ni ...?

mi faamaani

Sielewi

satteende

tatizo

jam hiiri

Jioni njema!

jam waali

Habari za asubuhi!

jam waal

Usiku mwema!

baay baay

kwa heri

ngardiindi

mwelekeo

kaake

mizigo

saak

mfuko

saak bakke

shanta

koɗo

mgeni

suudu

chumba

saak ɗaanorɗo

begi la kulalia

taanta

hema

kabaaru jillotooɗo

taarifa ya utalii

palaaz

ufuo

kartal keredii

kadi

kasitaari

kifunguakinywa

bottaari

chakula cha mchana

hiraande

chakula cha jioni

tikkett

tiketi

suutde

kuinua

tembere

muhuri

keerol

mpaka

soodooɓe

mila

ambasaat

ubalozi

wiisa

visa

paaspoor

pasipoti

yangarta
usafiri

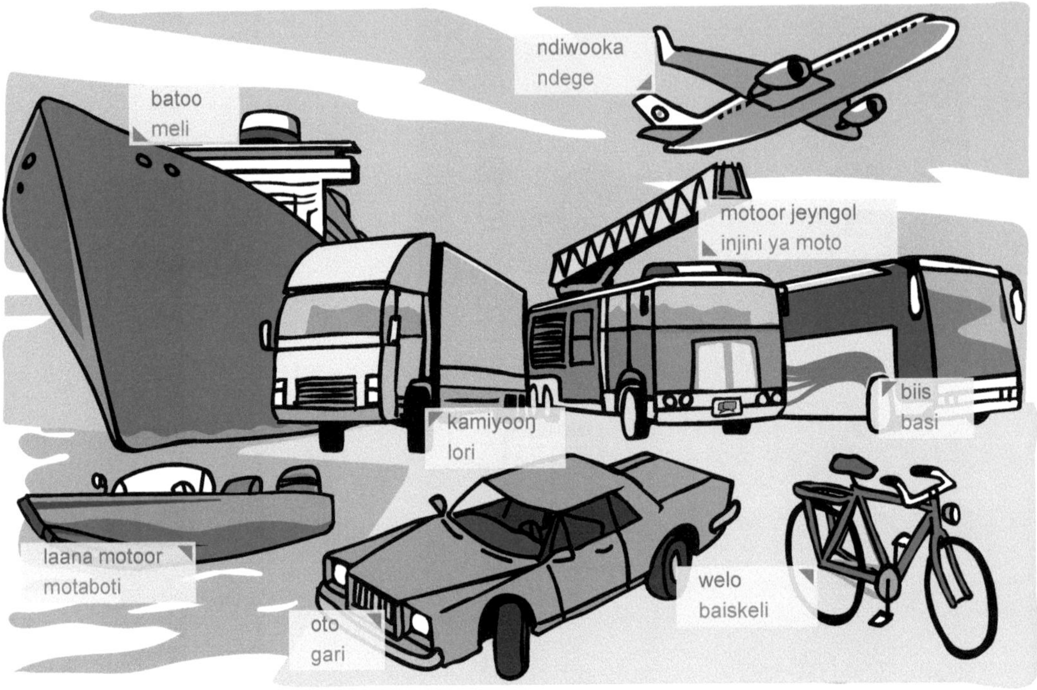
ndiwooka
ndege
batoo
meli
motoor jeyngol
injini ya moto
biis
basi
kamiyooŋ
lori
laana motoor
motaboti
welo
baiskeli
oto
gari

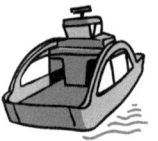

baak

feri

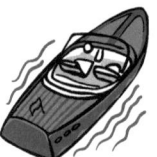

laana

mashua

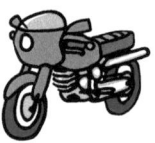

welo motoor

pikipiki

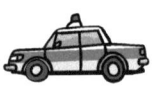

oto poliis

gari la polisi

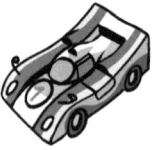

oto dandu

gari la mashindano

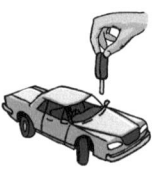

otoluwaaɗo

gari la kukodisha

rendude oto

kushiriki gari

leŋge

lori la kuvuta

kamiyooŋ salo

ukusanyaji taka

moto

motor

gaas

mafuta

esaaseer

kituo cha mafuta

maantorde tali

ishara trafiki

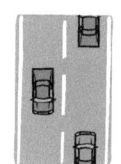

tali

trafiki

ɓittugol tali

msongamano

darnirde oto

maegesho

dartorde teree

kituo cha treni

laabi

reli

teree

garimoshi

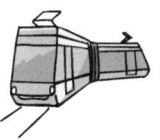

taraam

tremu

nawgol

gari la mizigo

elikooteer

helikopta

aydapoor

uwanja wa ndege

huɓeere

mnara

jahoowo

abiria

kontaneer

chombo

kees

katoni

saret

mkokoteni

siwo

kikapu

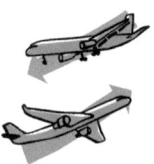

diw / tello

ondoka

wuro

jiji

saare

kijiji

hakkunde wuro

katikati ya jiji

galle

nyumba

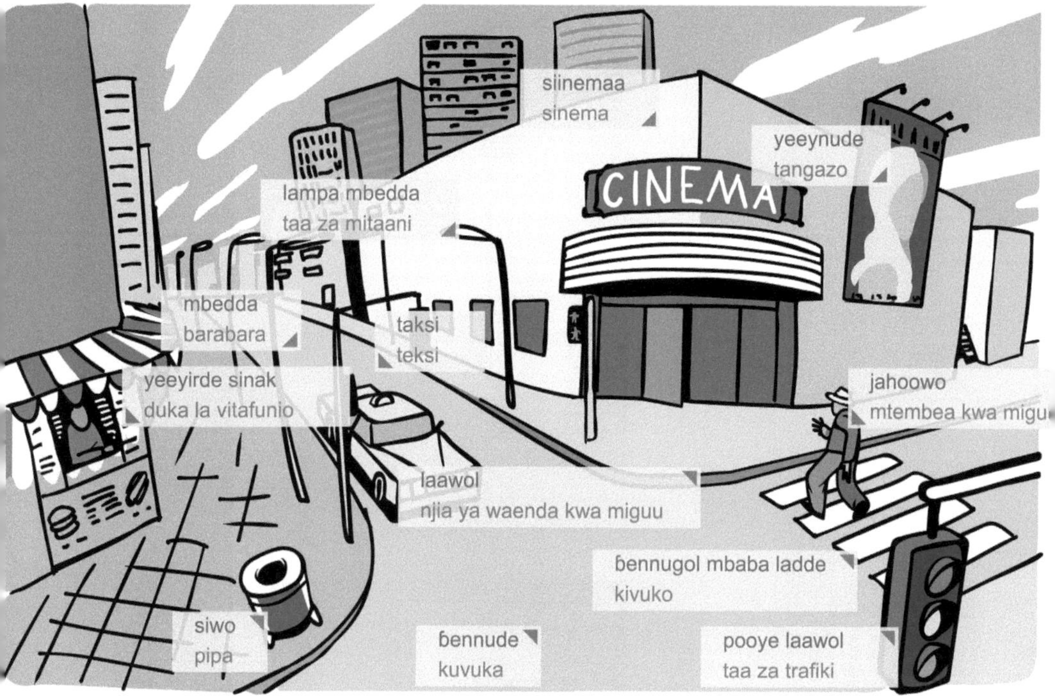

siinemaa
sinema

yeeynude
tangazo

lampa mbedda
taa za mitaani

CINEMA

mbedda
barabara

taksi
teksi

yeeyirde sinak
duka la vitafunio

jahoowo
mtembea kwa miguu

laawol
njia ya waenda kwa miguu

ɓennugol mbaba ladde
kivuko

siwo
pipa

ɓennude
kuvuka

pooye laawol
taa za trafiki

tiba

kibanda

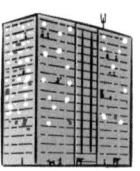

hoɗorde

gorofa

dartorde teree

kituo cha treni

meeri

ukumbi wa mji

miise

Makavazi

duɗal

shule

jaaɓi haatirde

chuo kikuu

baŋke

benki

safrirdu

hospitali

otel

hoteli

farmasii

duka la dawa

gollorde

ofisi

yeeyirde defte

duka la kitabu

yeeyirde

duka

mo nehoowo leɗɗe

duka la maua

duggere

dukakuu

jeere

soko

yeeyirde diiwaan

idara ya kuhifadhi

mo gawoowo

mwuza samaki

nokku njeeygu

kituo cha ununuzi

telloorde

bandari

parka

Hifadhi

jooɗorde

benki

pooŋ

daraja

ŋabbirɗe

vidato

les leydi

chini ya ardhi

laawol les

handaki

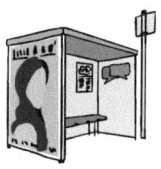

dartorde biis

kituo cha mabasi

baar

bar

restoraaŋ

mgahawa

suudu posto

sanduku la posta

maantorde mbedda

ishara ya barabara

meetorde parka

mita ya maegesho

nehirde kulle

bustani ya wanyama

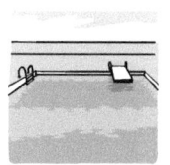

pisiin

kidimbwi cha kuogelea

jumaa

msikiti

ngesa

shamba

bonande

uchafuzi

genaale

makaburini

ekiliis

kanisa

dingiral

uwanja wa michezo

tempele

hekalu

satto

mazingira

ɗerewol
jani

maantogal
ishara ya mwelekeo

laawol
njia

paraad
malisho

haayre
jiwe

lekki
mti

diwoowo
mtembeaji wa masafa

caangol
mto

huɗo
nyasi

baramlefol
ua

fongo
bonde

tiwaande
kilima

weendu
ziwa

dundu
msitu

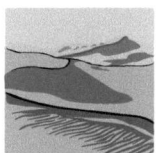

ladde
jangwa

wolkaaŋ
volkano

hoɗorde
ngome

timtimol
upinde wa mvua

wiiduru gaynaako
uyoga

lekki koko
mtende

ɓongu
mbu

diw
kuruka

ñuuñu
chungu

ñaaku
nyuki

njabala
buibui

karaab

mende

paaɓa

chura

jiire

kuchakuro

nguru paaɓa

nungunungu

wojere

sungura

hooweere

bundi

ndiwri

ndege

kankaleewal

swan

fowru

nguruwe mwitu

lella

kulungu

kooba

aina ya kongoni

baaraas

bwawa

seɗa hendu

tabo ya upepo

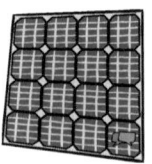

mbeɗu naange

nishaji ya jua

kilimaaŋ

hali ya hewa

restoraaŋ
mgahawa

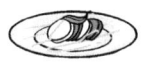

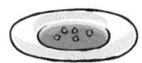

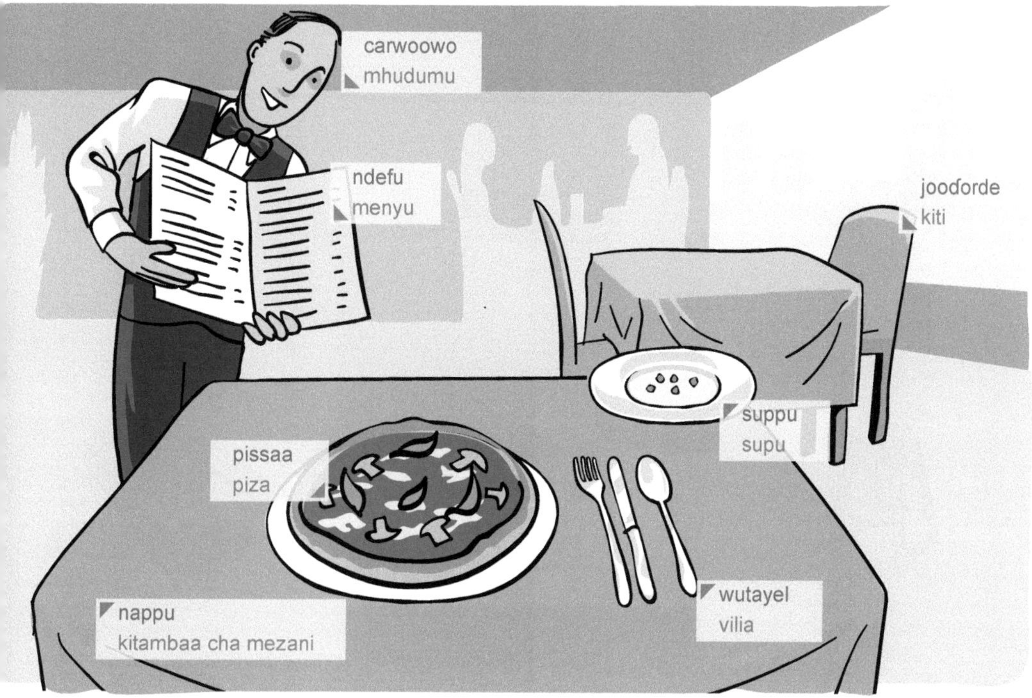
carwoowo
mhudumu
ndefu
menyu
jooɗorde
kiti
suppu
supu
pissaa
piza
nappu
kitambaa cha mezani
wutayel
vilia

puɗɗorɗo

kiamsha hamu

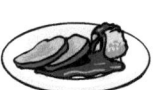

barme mawɗo

kozi kuu

deseer

kitindamlo

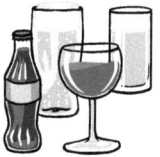

njarameeje

vinywaji

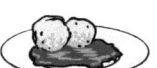

ñamri

chakula

bitel

chupa

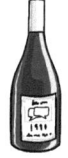

fastfuut

chakula cha haraka

ñaamde mbedda

Streetfood

pot ataaya

buli

taasa suukara

kisanduku cha sukari

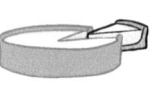

geɗal

sehemu

masiŋ esperesoo

mashine ya espresso

jooɗorde toownde

kiti kirefu

faktiir

muswada

terey

trei

paaka

kisu

fursett

uma

kuddu

kijiko

kuddu ataaya

kijiko cha chai

torsooŋ

nepi

weer

glasi

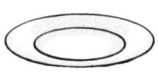

palaat

sahani

palaat suppu

sahani ya supu

coosoowo

sufuria

soos

mchuzi

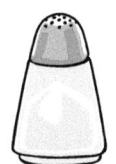

pot lamɗam

kichanyaji chumvi

poobaar

kinu cha pilipili

wineegar

siki

diwliin

mafuta

kaaniije

viungo

ketsoop

kechapu

mutaarde

haradali

maynees

kachumbari nzito

duggere
dukakuu

dokkal teentungal
ofa maalum
FOR
coodoowo
mteja
deftel
maziwa
ɓingel leggal
matunda
saret
toroli

BUTCHERS

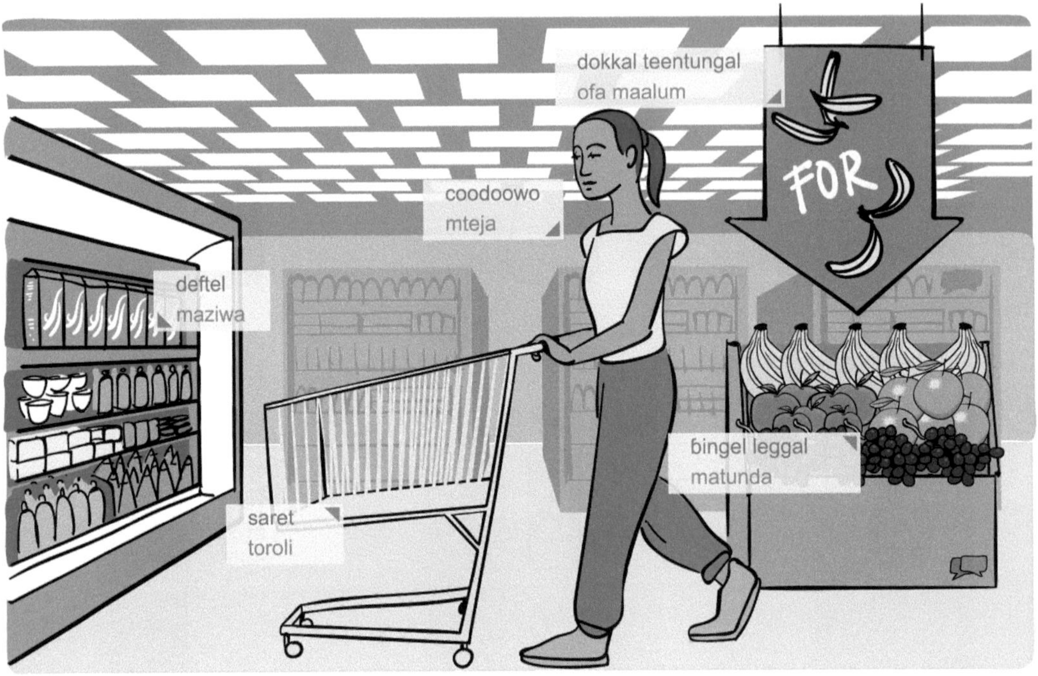

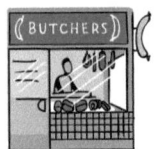

mo jeeyoowo teewu

mchinjaji

BAKERY

mo piyoowo mburu

mwokaji

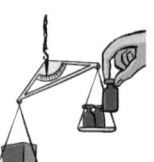

ɓett

uzito

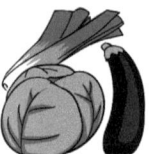

ɓiɓe leɗɗe

mboga

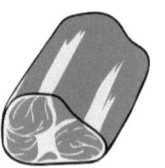

teewu

nyama

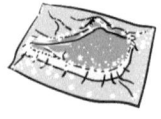

ñamri fendiindi

chakula waliohifadhiwa

teewu ɓuuɓngu

vipande vya nyama baridi

ñamri

chakula cha kopo

omo

sabuni ya unga

tangaleeji

pipi

geɗe galle

bidhaa za kaya

geɗe laɓɓinooje

bidhaa za kusafisha

jeeyoowo

mtu mauzo

hippoode

mpaka

ngaluyanke

keshia

limo soodetee

orodha ya manunuzi

waktuuji gudditeeɗi

masaa ya ufunguzi

kalbe

mkoba

kartal keredii

kadi

saak

mfuko

saak dalli

mfuko wa plastiki

ndiyam

maji

sii

sharubati

kosam

maziwa

Koowk

coke

sangara

mvinyo

sangara

bia

alkol

pombe

koka

kakao

ataaya

chai

kafe

kahawa

esperesoo

spreso

kaputsiino

kapuchino

banaana

ndizi

pomere

tufaha

oraaŋs

machungwa

dende

tikiti

limoŋ

lemon

karott

karoti

laac

kitunguu saumu

bambuu

mianzi

soblere

kitunguu

wiiduru gaynako

uyoga

gerte

karanga

kodde

nudo

espaketii

spageti

maaro

mpunga

solaat

saladi

sipse

vibanzi

padaas pasnaaɗo

viazi vya kukaanga

pissaa

piza

amburgoor

hambaga

sandiis

sandwichi

tayre

kipande

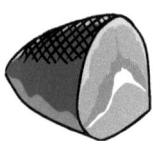

heltinde

paja la mnyama

salaami

salami

soosiis

soseji

gertogal

kuku

juɗe

choma

liingu

samaki

karaw

oats ya uji

miyesli

muesli

butaali makka

cornflakes

cafka

unga

koraasaŋ

kroisanti

loocol mburu

andazi

mburu

mkate

mburu

mkate wa kubanika

mbiskit

biskuti

boor

siagi

caakri

maziwa mgando

ngato

keki

boofoode

yai

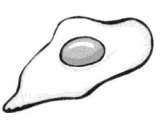

bofoode defaaɗo

yai kukaanga

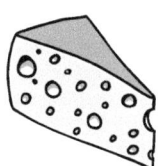

formaas

jibini

kerem galaas

aiskrimu

suukara

sukari

njuumri

asali

piire

jemu

soosde sokola

kuenea kwa chokoleti

kiri

mchuzi wa viungo

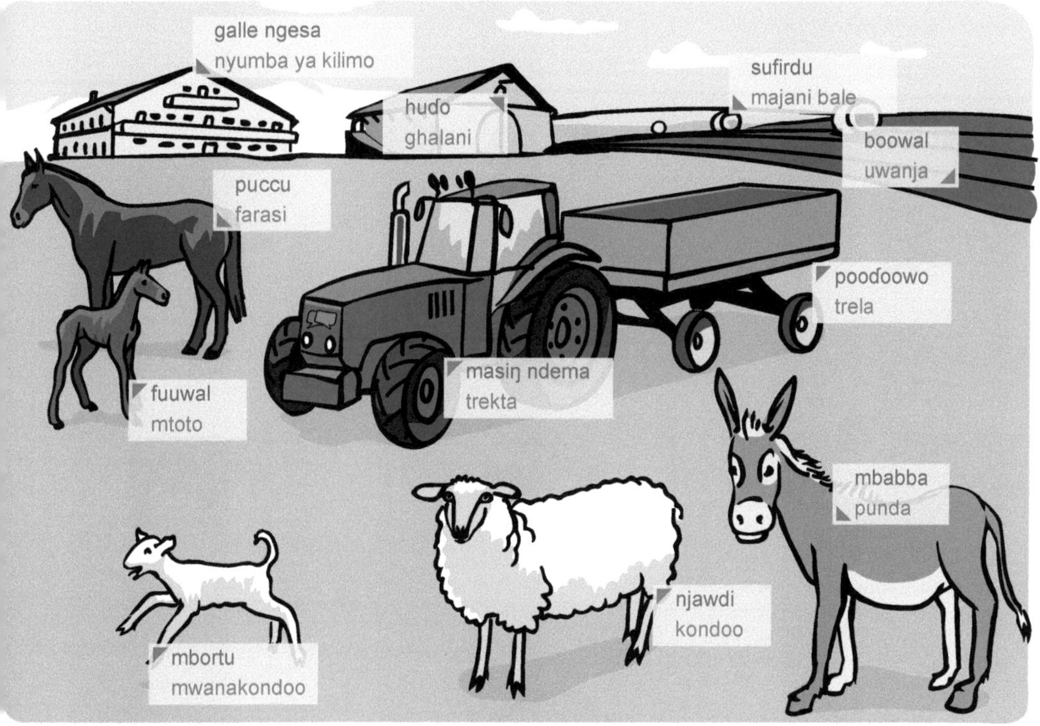

galle ngesa
nyumba ya kilimo

huɗo
ghalani

sufirdu
majani bale

boowal
uwanja

puccu
farasi

pooɗoowo
trela

masiŋ ndema
trekta

fuuwal
mtoto

mbabba
punda

mbortu
mwanakondoo

njawdi
kondoo

ndamndi

ngaari

ñale

mbuzi

ng'ombe

ndama

mbaba tugal

ɓingel tugal

ngaari

nguruwe

mwananguruwe

fahali

jaawalal

batabukini

jaawangal

bata

gertogal

kifaranga

jarlal

kuku

ngori

jogoo

doombru

panya

ulluundu

paka

dombru

panya

ngaari

ng'ombe

rawaandu

mbwa

suudu rawaandu

nyumba ya mbwa

lekki werte

bomba la bustani

bitel ndiyam

debe la kumwagilia maji

jalo

fyekeo

jabbude

kulima

wafdu

mundu

caga

jembe

furset yettirɗo

uma wa nyasi

jambere

shoka

burwett

toroli

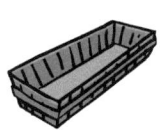

jardugal

kupitia nyimbo

bitel kosam

chombo cha maziwa

bonnude

gunia

heerorde

ua

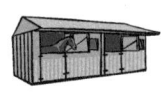

dari

imara

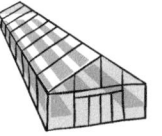

resofmaaŋ

chafu

leydi

udongo

aawdi

mbegu

engere

mbolea

rendin coñoowo

kivunaji

soñ

mavuno

coñal

mavuno

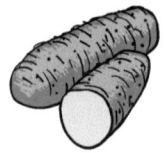

ñambi

viazi vikuu

ndiyamiri

ngano

soozaa

soya

padaas

viazi

makka

mahindi

aawdi adan

rapa

lekki ɓesnooki

mti wa matunda

kasaawa

muhogo

gawri

nafaka

galle
nyumba

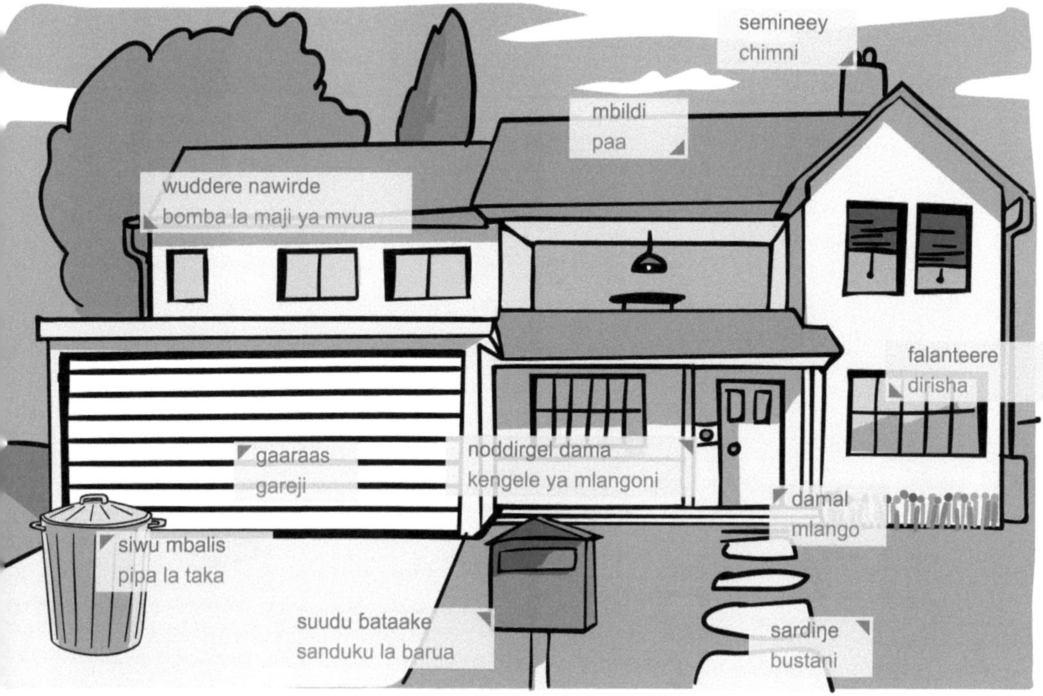

semineey
chimni
mbildi
paa
wuddere nawirde
bomba la maji ya mvua
falanteere
dirisha
gaaraas
gareji
noddirgel dama
kengele ya mlangoni
damal
mlango
siwu mbalis
pipa la taka
suudu ɓataake
sanduku la barua
sardiŋe
bustani

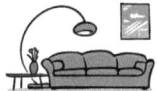

saal

sebuleni

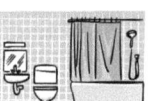

lootorde

bafu

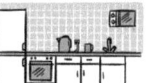

waañ

jikoni

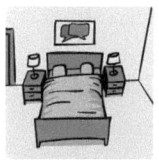

suudu lelteendu

chumba cha kulala

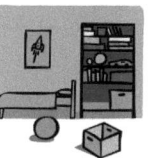

suudu suka

chumba ya mtoto

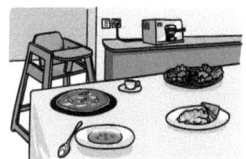

suudu hirtordu

chumba cha kulia

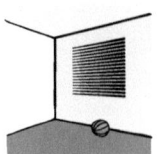

leydi

sakafu

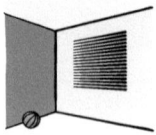

miir

ukuta

dira

dari

masiŋel

pishi

soona

sauna

balkooŋ

roshani

teeraas

mtaro

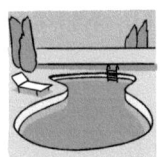

pisin

kidimbwi

tondoos

mashine ya kukata nyasi

kaayit

karatasi

mbertanteeri

kitambaa cha kupamba
kitanda

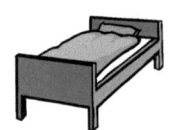

lelnde

kitanda

pittirɗe

ufagio

siwoo

ndoo

waylu

kubadili

saal

sebuleni

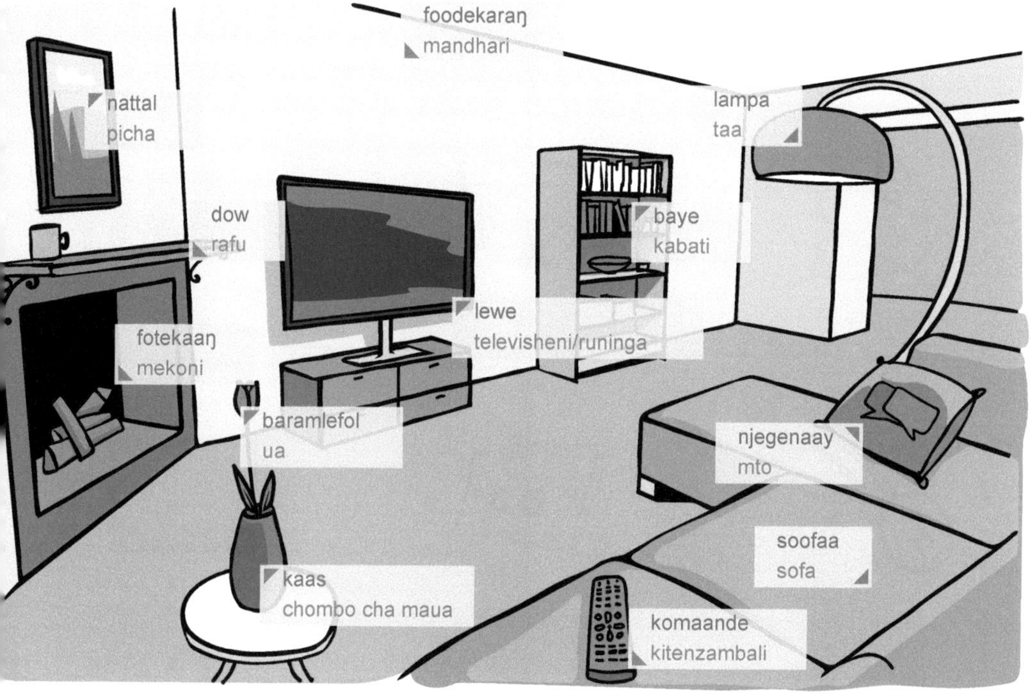
foodekaraŋ
mandhari
nattal
picha
lampa
taa
dow
rafu
baye
kabati
lewe
televisheni/runinga
fotekaaŋ
mekoni
baramlefol
ua
njegenaay
mto
soofaa
sofa
kaas
chombo cha maua
komaande
kitenzambali

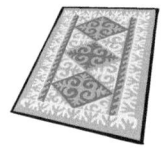

tappi

zulia

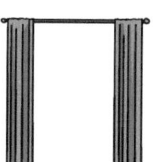

rido

pazia

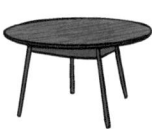

taabal

meza

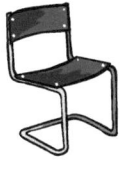

jooɗorde

kiti

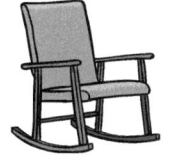

jooɗorde timmunde

kiti cha bembea

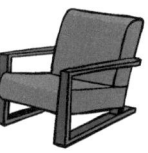

tuggorde

armchair

deftere

kitabu

suddaare

blanketi

cinki

mapambo

docotal

kuni

filmo

filamu

kuutorɗe hi-fi

kifaa cha hi-fi

caabi

ufunguo

jaaynde

gazeti

pentiirde

uchoraji

posteer

bango

haalirde

redio

deftel mooftirgel

daftari

ŋabbude

kifyonza

siwo lekki

dungusi kakati

sondel

mshumaa

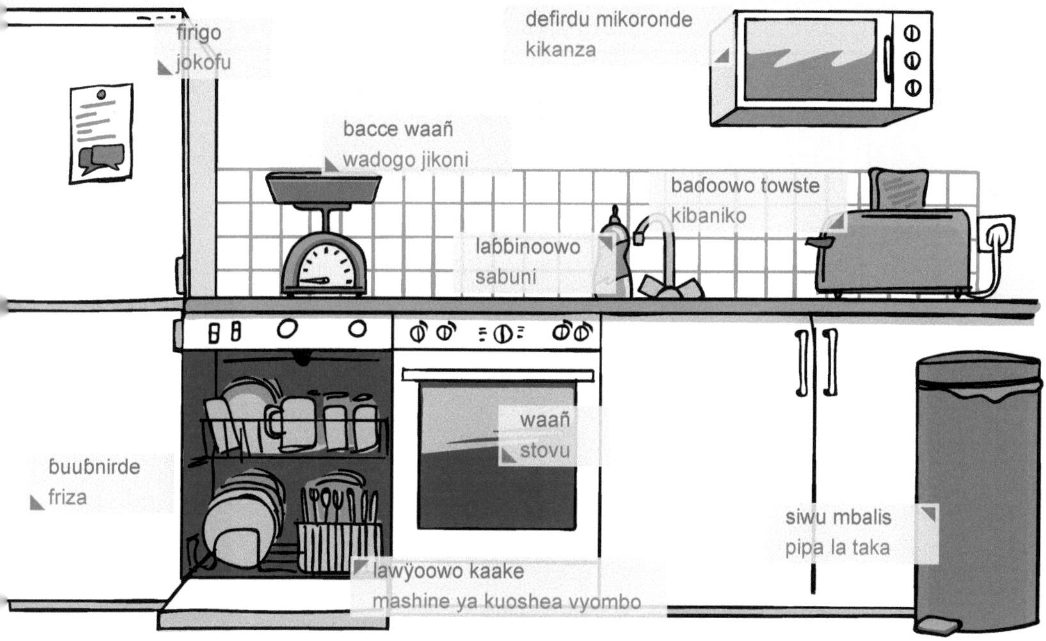

firigo
jokofu

defirdu mikoronde
kikanza

bacce waañ
wadogo jikoni

baɗoowo towste
kibaniko

labbinoowo
sabuni

ɓuuɓnirde
friza

waañ
stovu

siwu mbalis
pipa la taka

lawÿoowo kaake
mashine ya kuoshea vyombo

defoowo
jiko la kupika

pot
chungu

pot baɗɗo njamdi
sufuria ya chuma

lehel
wok / kadai

lahal
kaango

baraade
birika

gulnoowo

stima

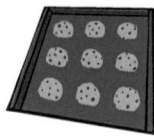

fuur cumirɗo

sinia ya kuoka

wiisirde

vyombo vya udongo

kaas

kombe

taasa

bakuli

bakett

vijiti vya kulia

heɗirde

ukawa

kuundal

mwiko mpana

burgal

burashi

gulnirɗo

kichujio

pool

chujio

koosoowo

mbuzi

wowru

chokaa

njuɗu

barbeque

lewlewndu

moto wazi

alluwal tayirgal

ubao wa majaribio

dullirgal

kijiti cha kusukuma unga

tenaay

kizibuo

potyel

kopo

udditirɗo potyel

inaweza kopo

jaggoowo pot

kishikio cha chungu

lawɲirde

karo

borisde

brashi

epoos

sifongo

jiiɓoowo

kisagaji matunda

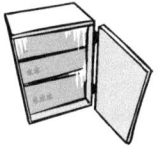

firigo juutɗo

friji ya kina

bitel tiggu

chupa ya mtoto

robine

bomba

lootorde

bafu

wulnude
joto
ɓuftogol
mfereji wa kuogea
sarbet
taulo
rido ɓuftorde
pazia la kuogea
sumbu lootorɗo
maji ya kuoga yenye povu
nokku lootorɗo
hodhi
weer
glasi
masiŋ guppirɗo
mashine ya kuosha
robine
bomba
biifi
vigae
woppirde
poti
lawŷirde
karo

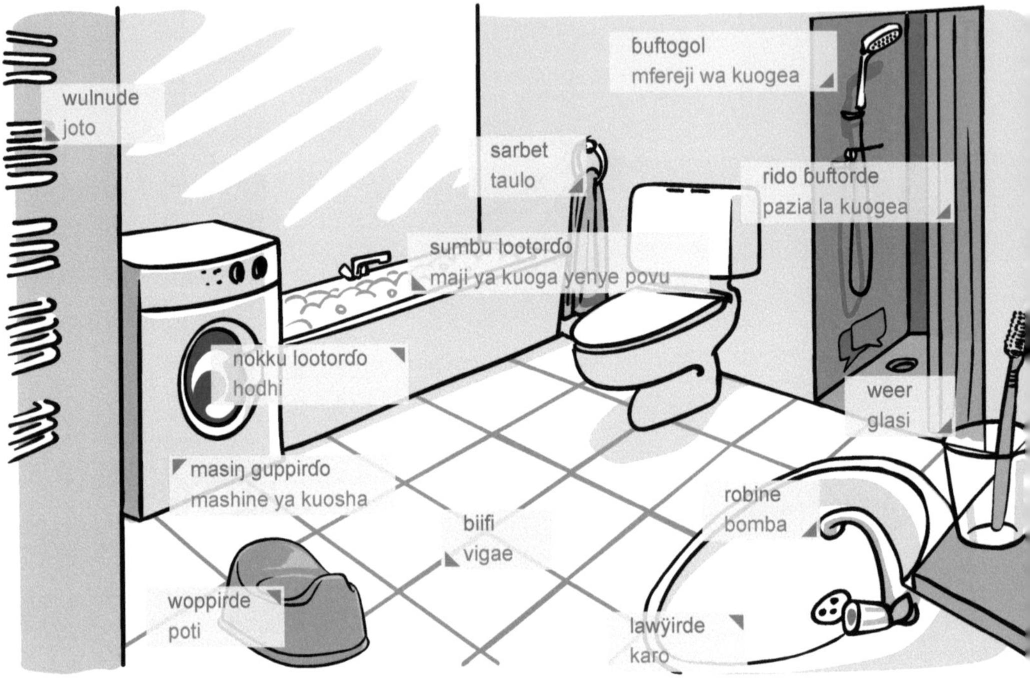

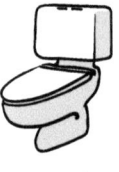

heblorde

choo

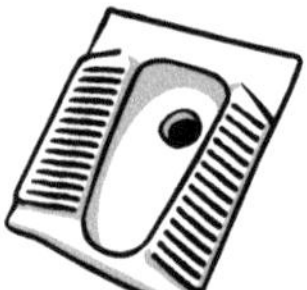

yaltirde les

choo cha squat

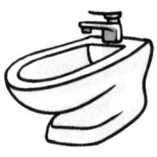

yaltirde

beseni la mviringo

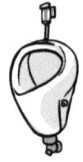

soofirde

choo cha umma

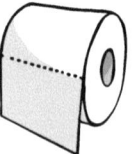

kaayit heblorde

shashi

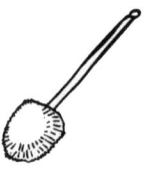

boros heblorde

brashi ya choo

boros ñiiÿe

mswaki

pat cocorɗo

dawa ya meno

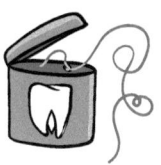

cocorgal

dawa ya meno

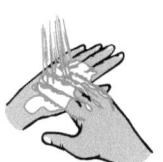

lawyu

safisha

ɓuftorde jungo

kuoga mkono

jampe

msukumo wa maji

taasa

bonde

boros keeci

mpako wa pili

saabunde

sabuni

nebam ɓuftorde

jeli ya kuogea

sampoye

shampuu

lootogel

flana

yupude

toa maji

mileen

krimu

lati

kiondoa harufu

daarogal

kioo

daarogal jungo

kioo mkono

rasuwaar

kinyozi

sumbu pemborɗo

povu la kunyoa

lallitirde

baada ya kunyoa

koomu

kichana

boros

brashi

yoorno hoore

kikausha nywele

uurna hoore

marashi ya nyewele

makiyaas

vipodozi

lippo

kidomwa

emaaye segene

varnish ya msumari

wiro

pamba

sisooje segene

mkasi wa kucha

parfooŋ

manukato

saawdu lawyirdu

mkoba wa kuosha

kuudi

kinyesi

bacce ɓetirde

mizani

wutte lootorɗo

nguo ya kuoga

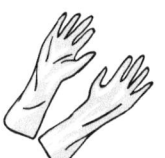

kawaseeje dalli

glavu za mpira

tampooŋ

kisodo

sarbet laɓɓinoorɗo

sodo

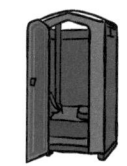

lootogol cellungol

kemikali choo

suudu suka
chumba ya mtoto

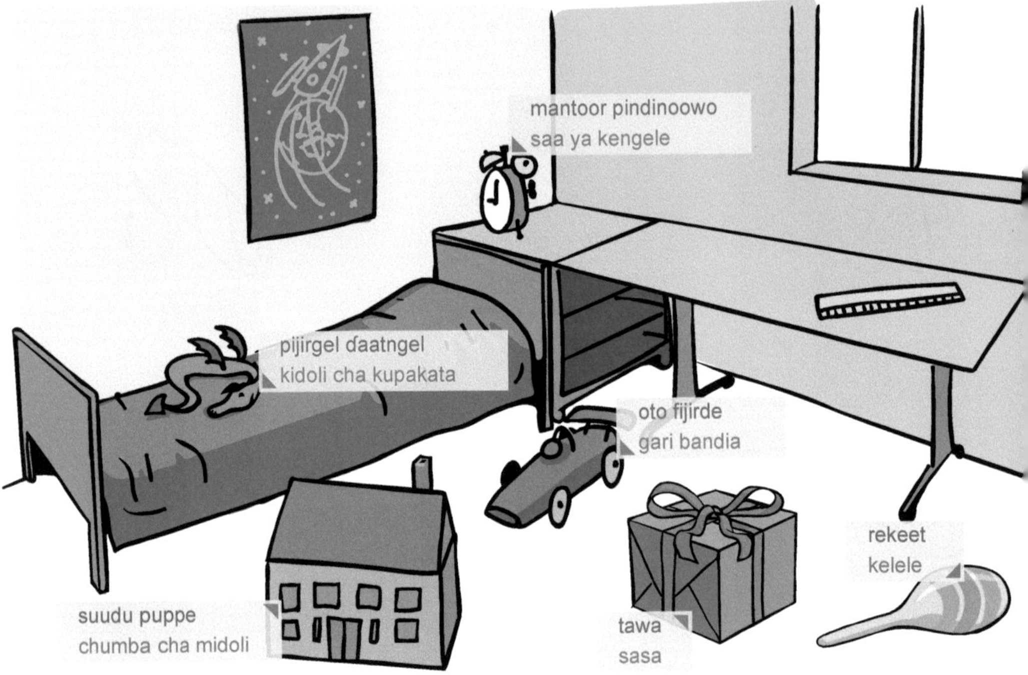

mantoor pindinoowo
saa ya kengele
pijirgel ɗaatngel
kidoli cha kupakata
oto fijirde
gari bandia
rekeet
kelele
suudu puppe
chumba cha midoli
tawa
sasa

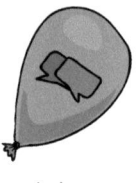

baloonŋ

baluni

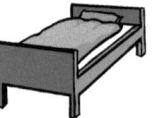

lelnde

kitanda

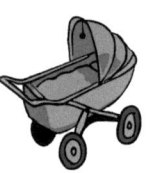

puus puus

mashua

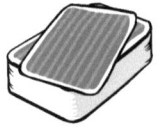

taabal karte

staha ya kadi

juwirgal

mchezo-fumb

SUPER
MEGA

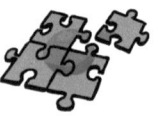

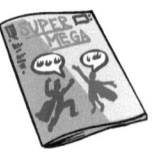

jalnii

vichekesho

tuufeeje lego

matofali lego

kaaÿe maadi

vitalu mwigo

pijirgel suka

hatua takwimu

wutte suka

suti ya kulalia

mbiifu

kisahani

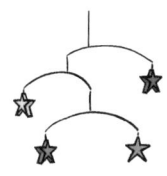

noddirgel

simu

fijirde alluwal

ubao wa michezo

dee

kete

tereŋ jahiroowo batiri

garimoshi mwigo

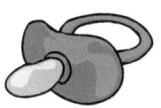

ɗaayɗo

dummy

hiirde

chama

deftere natte

picha kitabu

bal

mpira

puppe

kikaragosi

fij

kucheza

ngaska leydi

shimo la mchanga

yirlude

bembea

pijirɗe

vitu bandia

fijirde widoo peley

kiweko cha video ya mchezo

biifi tati

baiskeli ya magurudumu

uluundu pijirgel

mwanasesere

matatu

woliis

kabati

ɓoornogol

nguo

kawaseeje

soksi

baardinirɗi

stokingi

dogirɗi

kibano

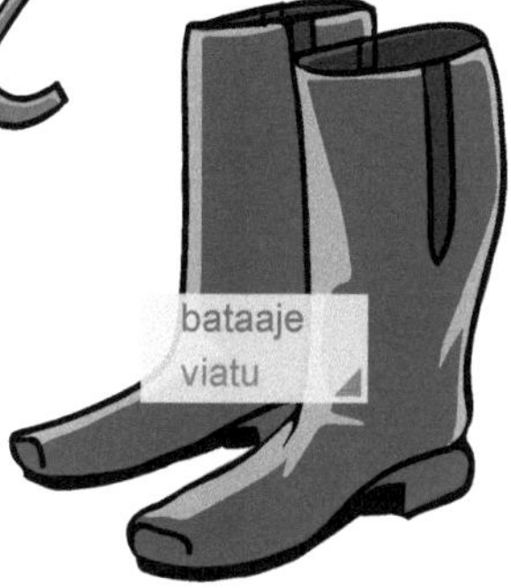

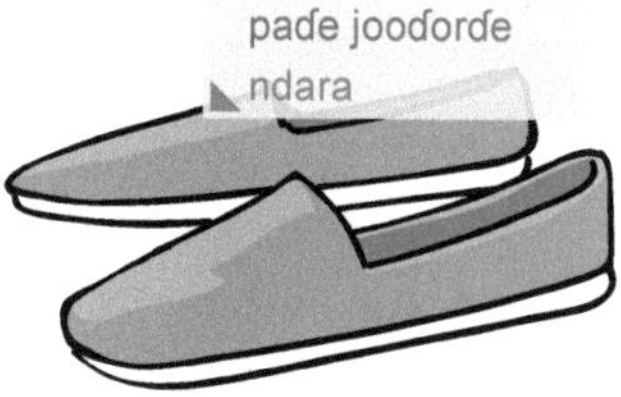

muurnorde
skafu

paraseewal
mwavuli

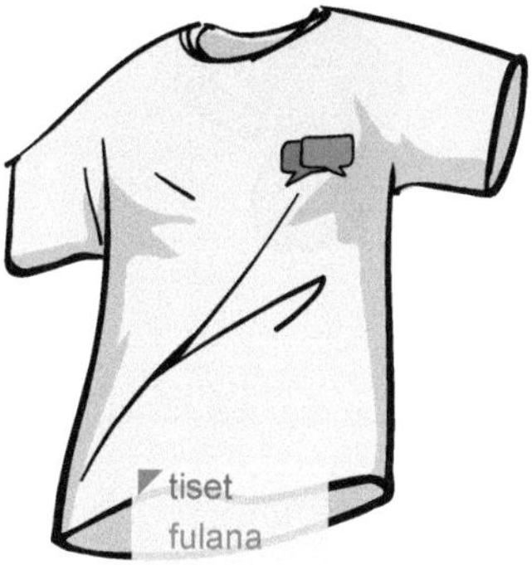

tiset
fulana

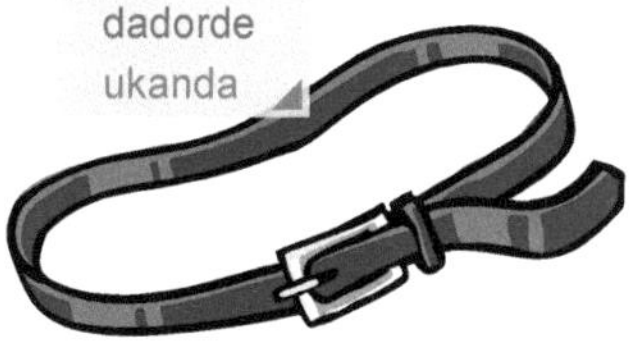

dadorde
ukanda

bataaje
viatu

paɗe jooɗorde
ndara

dogirde
wakufunzi

caraax

malapa

paɗe

viatu

bataaje dalli

mabuti ya mpira

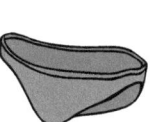

cakkirɗi

suruali ya ndani

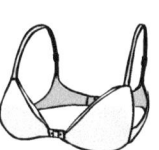

site ŋoos

sidiria

weste

fulana

bandu

mwili

tuuba

suruali

jiin

dangirizi

sippu

sketi

buluus

blauzi

wuttel

shati

piliweer

vuta

njallaaba

sweta

balaseer suka

bleza

jakett

jaketi

sabandoor

koti

wutte tobo

koti la mvua

kossim

maleba

robbo

gauni

wutte cuddungu

mavazi ya harusi

cakkirɗo

suti

robbo baalduɗo

vazi la usiku

baaluɗi

pajama

sari

sari

fiilorde

skafu

kaala

kilemba

misoor

burka

haftan

kaftan

abaaye

abaya

lumborɗo

vazi la kuogelea

leɗɗe

vazi la kiume la kuogelea

kilooti

kaptura

dewirɗi

teitei

aparooŋ

aproni

kawase

glavu

nebbu

kifungo

lone

glasi

jawo

bangili

cakka

mkufu

feggere

pete

hootonde

herini

laafa

kofia

jaggirgal sabandoor

kiango cha koti

kufna

kofia

karwaat

tai

korsude

zipu

tengaade

kofia

jawe

kanda za suruali

wutte jaŋirɗo

sare za shule

dadorɗo

sare

nappu suka
bibu

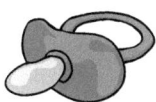

ɗaayɗo
dummy

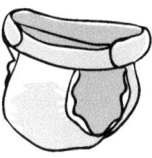

fooftini
nepi

gollorde
ofisi

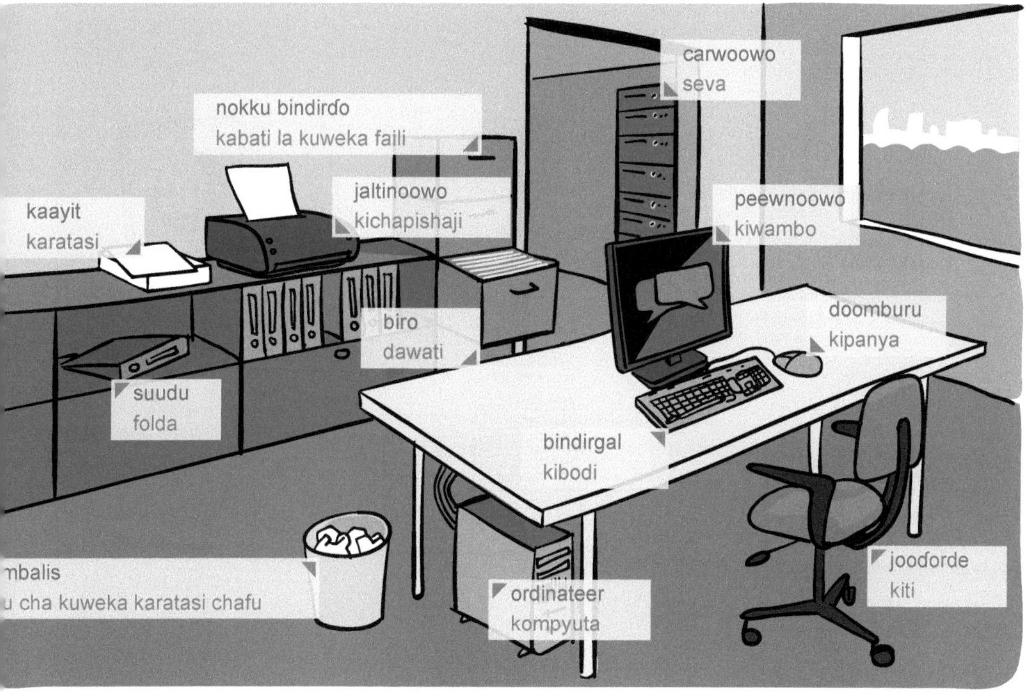

carwoowo
seva

nokku bindirɗo
kabati la kuweka faili

jaltinoowo
kichapishaji

kaayit
karatasi

peewnoowo
kiwambo

biro
dawati

doomburu
kipanya

suudu
folda

bindirgal
kibodi

mbalis
u cha kuweka karatasi chafu

joodorde
kiti

ordinateer
kompyuta

koppu kafe
kmobe la kahawa

tongirde
kikokotoo

enternet
biashara

ordinateer	bataake kaayit	bataake
mbali	barua	ujumbe

noddirgel	jokkondiral	nandinoowo
rununu	intaneti	fotokopia

kuutorgel	noddirgel	piriis
programu	simu	soketi
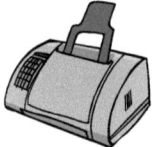	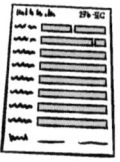	
masiŋ faksii	sifaa	kaayit
kipepesi	fomu	hati

sood
kununua

yob
kulipa

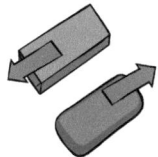

yeey
biashara

kaalis
fedha

dolaar
dola

oro
yuro

yeen
yeni

ruubal
rouble

siiwis farayse
faranga ya Uswisi

yuwaan renminbi
renminbi yuan

ruppii
rupia

nokku ngalu
eneo la kulipia

nokku beccirɗo

ofisi ya ubadilishanaji

kaŋe

dhahabu

kaalis

fedha

peteroŋ

mafuta

doole

nishati

coggu

bei

jokkondiral

mkataba

lempo

kodi

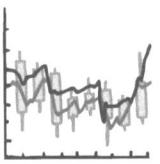

jeyii

bidhaa

liggo

kazi

liggotooɗo

mfanyakazi

ligginoowo

mwajiri

isin

kiwanda

yeeyirde

duka

golle
kazi

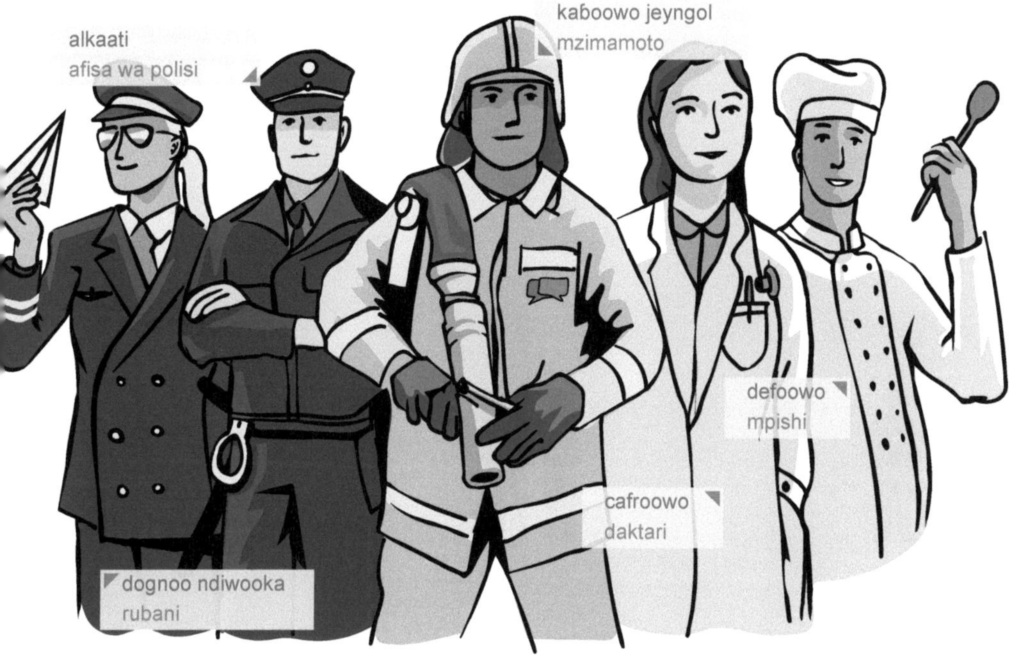

alkaati
afisa wa polisi
kaɓoowo jeyngol
mzimamoto
defoowo
mpishi
cafroowo
daktari
dognoo ndiwooka
rubani

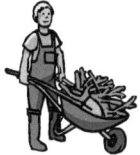

mooftoowo

mtunza bustani

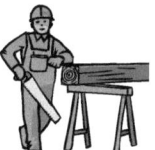

meniise

seremala

gawoowo debbo

mshonaji

ñaawoowo

hakimu

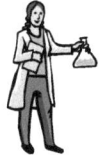

simiyanke

mwanakemia

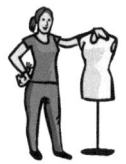

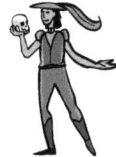

aktoor

muigizaji

diirnoowo biis

dereva wa basi

diirnoowo taksi

dereva wa teksi

gawoowo

mvuvi

debbo pittoowo

mwanamke wa kusafisha

biloowo

mwezekaji

carwoowo

mhudumu

baañoowo

mwindaji

diidoowo

mchoraji

piyoo mburu

mwokaji

peewnoo jeyngol

umeme

mahoowo

mjenzi

eseñoor

mhandisi

buusee

mchinjaji

polombiyee

fundi bomba

neɗɗo posto

mwanaposta

soldaat

mwanajeshi

arsitekte

msanifu majengo

ngaluyanke

keshia

leɗɗeyanke

muuza maua

mooroowo

msusi

diirnoowo

kondakta

peenoowo jamɗe

mekanika

gardiiɗo

nahodha

safroowo ñiiÿe

daktari wa meno

gando

mwanasayansi

babbiin

rabbi

almaami

imamu

muwaan

mtawa

neɗɗo alla

kasisi

kuutorɗe
zana

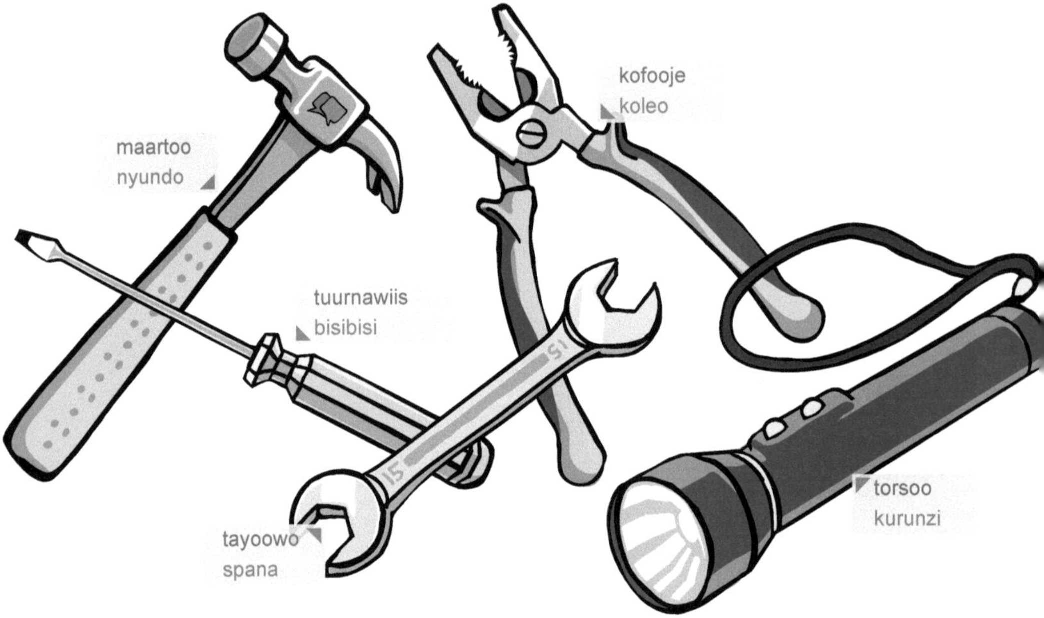
kofooje
koleo
maartoo
nyundo
tuurnawiis
bisibisi
tayoowo
spana
torsoo
kurunzi

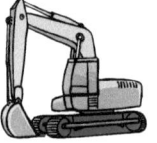

ngasirdi

mchimbaji

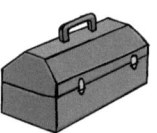

suudu kuutorɗe

sanduku la vifaa

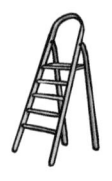

seel

ngazi

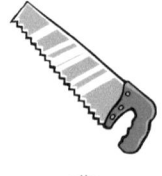

siiy

msumeno

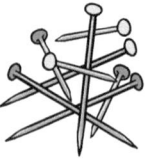

pontooje

misumari

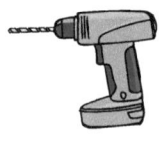

yuwirde

kuchimba visima

feewnit
....
kukarabati

nokkirde
....
sepetu

sooot
....
Lo!

peel
....
kishikio cha uchafu

pot diidirɗo
....
chungu cha rangi

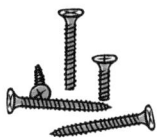

wiisuuji
....
skurubu

pijirɗe

ala za muziki

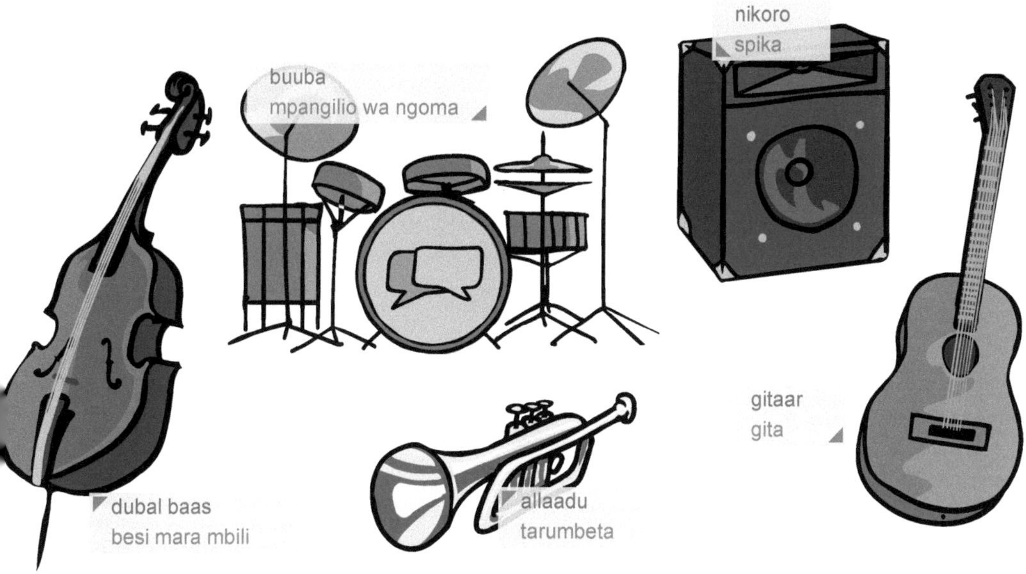

nikoro
spika

buuba
mpangilio wa ngoma ◢

gitaar
gita ◢

▶ dubal baas
besi mara mbili

allaadu
tarumbeta

piyaano

piano

ñaañooru

fidla

baas

ubeji

timpaan

timpani

bawɗi

ngoma

bindirgal

kibodi

saksofooŋ

saksafoni

coolumbel

filimbi

haaldude

maikrofoni

nehirde kulle

bustani ya wanyama

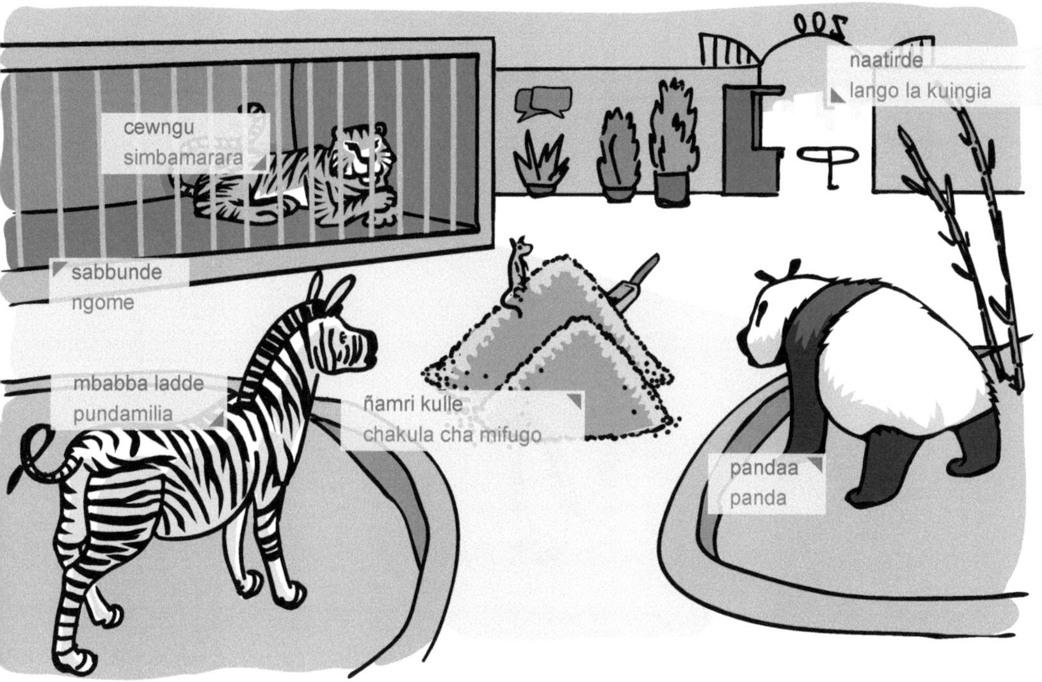

cewngu
simbamarara
naatirde
lango la kuingia
sabbunde
ngome
mbabba ladde
pundamilia
ñamri kulle
chakula cha mifugo
pandaa
panda

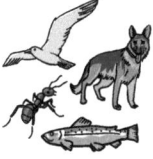

kulle

wanyama

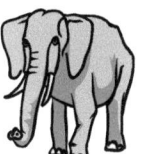

ñiiwa

tembo

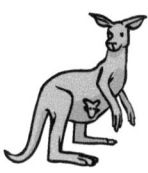

kanguruu

kangaruu

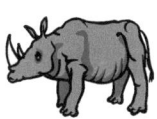

liwoongu

kifaru

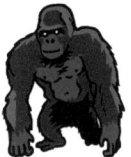

waandu

sokwe

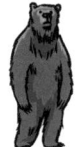

fowru

dubu

ngelooba

ngamia

jaawagal

mbuni

mbaroodi

simba

golo

tumbili

ñaarpural

heroe

seku

kasuku

fowru nees

dubu

peŋwee

penguini

reke

papa

ngoriyal

tausi

mboddi

nyoka

nooro

mamba

deenoowo kulle

mtunza wanyama

liingu

muhuri

cewngu

jaguar

molel puccu

mwanafarasi

cewlu

chui

ngabu

kiboko

ñamala

twiga

ciilal

tai

fowru

nguruwe mwitu

liingu

samaki

heende

kobe

morsee

sili

daga

mbweha

lella

paa

fugu koyngel Amarik
soka ya marekani

welo
uendeshaji baiskeli

teniis
tenisi

basket
mpira wa kikapu

lumbaade
kuogelea

okey e galaas
magongo ya barafuni

bokse
ndondi

fugu koyngel
soka

badminton
vinyoya

dogduuji
riadha

fugu jungo
mpira wa mikono

eskiiy
skii

polo
polo

golle
shughuli

jal
cheka
diw
kuruka
uurno
kumbatia
yah
kutembea
yim
kuimba
hoyɗu
ota ndoto
juul
kuomba
ɓuuco
busu

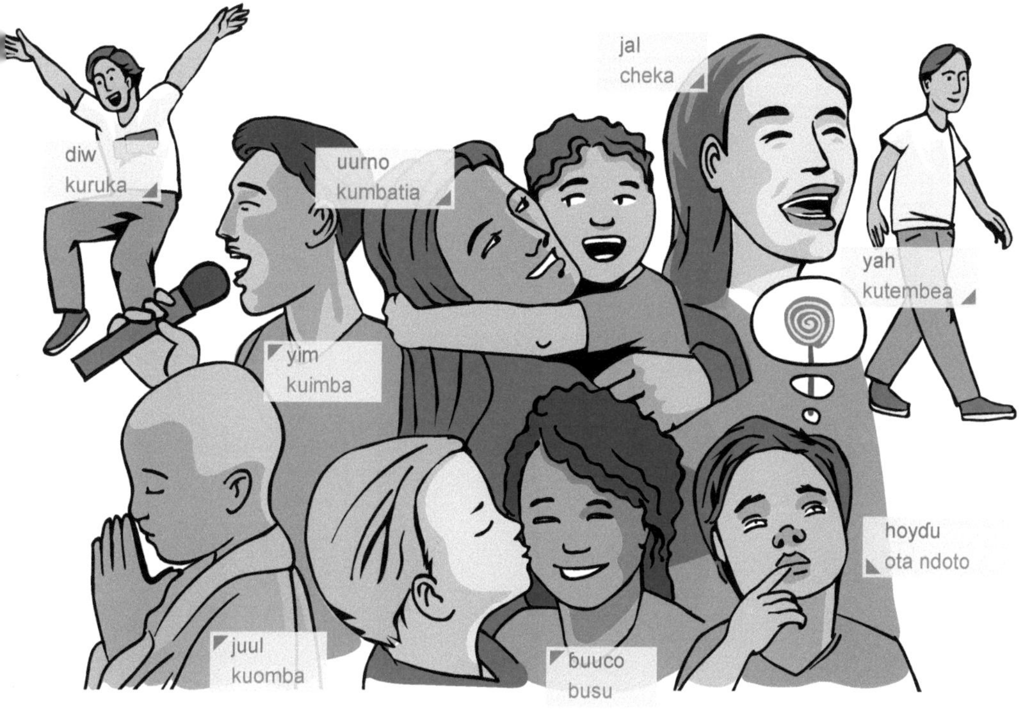

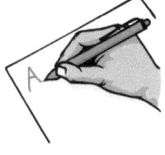

windu
kuandika

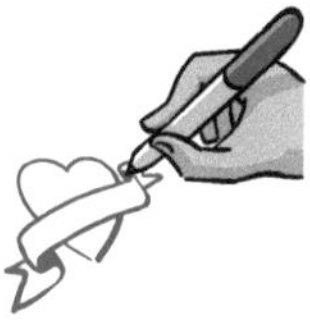

diid
kuteka

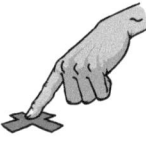

hollu
angalia

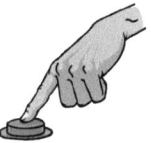

duñ
sukuma

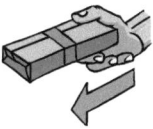

rokku
kutoa

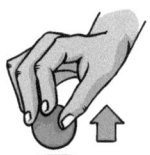

naw
kuchukua

jogo
kuwa

waɗ
fanya

won
kuwa

daro
kusimama

dog
kukimbia

ittu
vuta

weddo
kutupa

yan
kuanguka

fen
hadaa

fad
kusubiri

naw
kubeba

jooɗo
kukaa

ɓoorno
vaa nguo

ɗaano
usingizi

finn
kuamka

ndaar
kuangalia

woy
lia

fiiy
kiharusi

koomu
chana nywele

haal
ongea

faam
kuelewa

naamdo
kuuliza

hetto
kusikiliza

yar
kunywa

ñaam
kula

haɓɓu
nadhifisha

yiɗ
upendo

def
mpishi

diirnu
gari

diw
kuruka

awyu

meli

lim

kokotoa

jangu

kusoma

jangu

kujifunza

liggo

kazi

res

kuoa

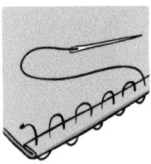

aaw

kushona

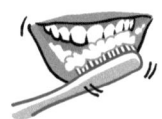

boris ñiiÿe

piga mswaki

war

kuua

simmo

moshi

neldu

kutuma

ɓesngu

familia

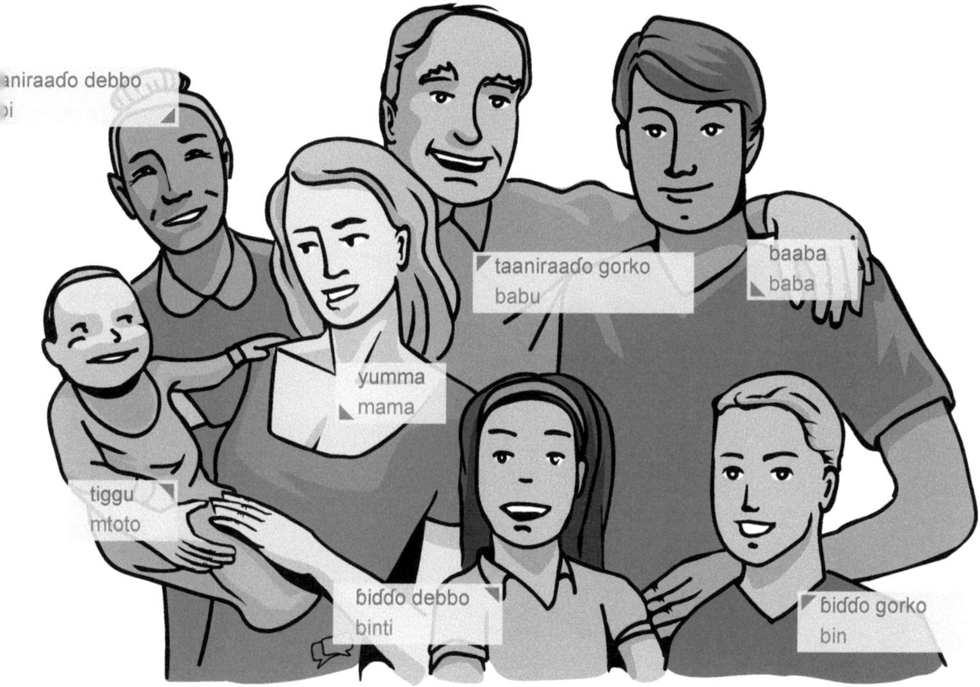

aniraaɗo debbo
i
taaniraaɗo gorko
babu
baaba
baba
yumma
mama
tiggu
mtoto
ɓiɗɗo debbo
binti
ɓiɗɗo gorko
bin

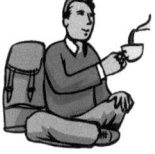

koɗo

mgeni

gogo

shangazi

kaawiraaɗo

mjomba

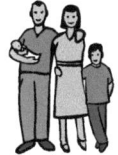

mawniraaɗo gorko

kaka

mawniraaɗo debbo

dada

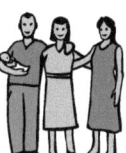

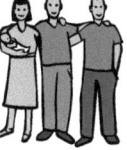

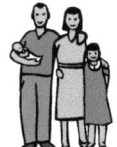

tiinde
paji la uso

yitere
jicho

walabo
bega

feɗeendu
kidole

yeeso
uso

waare
kidevu

jungo
mkono

endu
matiti

korlal
mguu

jungo
mkono

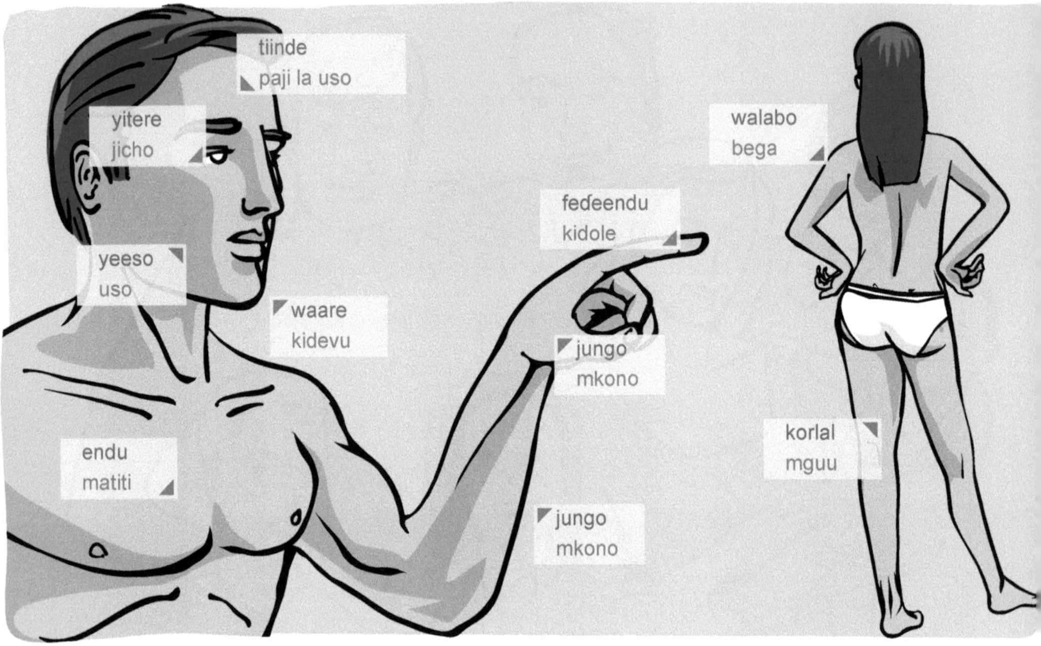

tiggu

mtoto

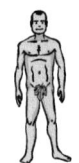

gorko

mwanamume

debbo

mwanamke

debbo

msichana

gorko

mvulana

hoore

kichwa

ɓandu - mwili

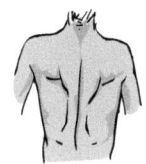

keeci

nyuma

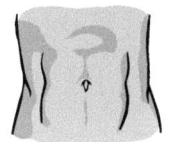

reedu

tumbo

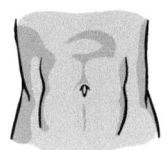

wudduru

kitovu

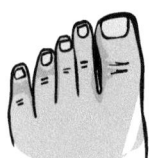

feɗeendu

chano

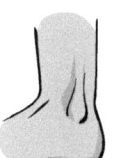

njaaɓordi

kisigino

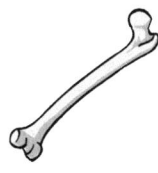

ÿiyal

mfupa

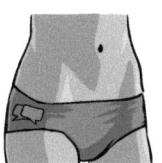

buhal

nyonga

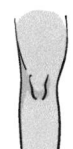

hofru

goti

fooŋturu

kiwiko

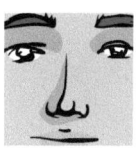

hinere

pua

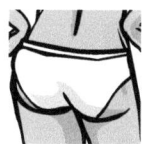

gaɗa

chini

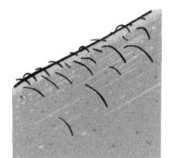

nguru

ngozi

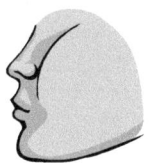

aɓɓuko

shavu

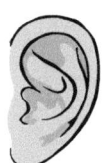

nofru

sikio

tondu

mdomo

hunuko

kinywa

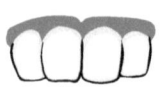

ñiire

jino

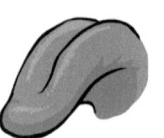

ɗemngal

ulimi

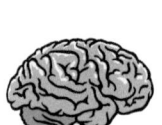

ngaandi

ubongo

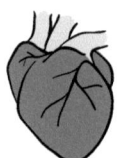

ɓernde

moyo

ÿiye

misuli

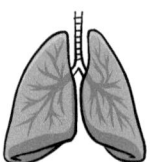

jofe

pafu

heeñere

ini

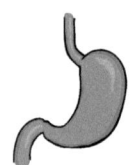

kuuse

tumbo

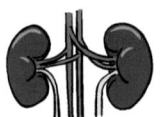

booÿe

figo

leldaade

jinsia

kawasal

kondomu

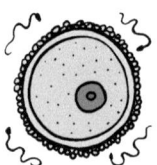

ɓoccoonde

ovari

maniiyu

shahawa

cowagol

mimba

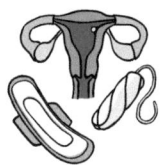

ella
....
hedhi

kottu
....
uke

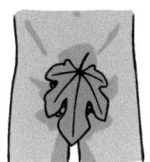

soolde
....
uume

leeɓol yitere
....
unyusi

sukundu
....
nywele

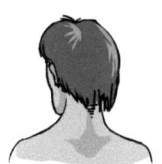

daande
....
shingo

safrirdu
hospitali

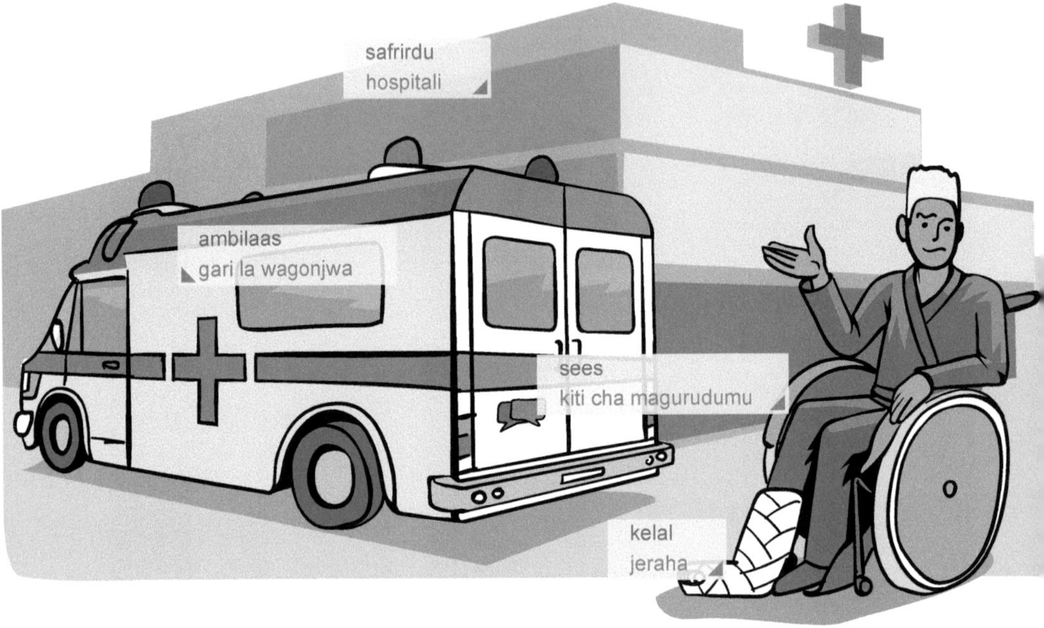

safrirdu
hospitali
ambilaas
gari la wagonjwa
sees
kiti cha magurudumu
kelal
jeraha

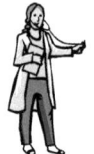

cafroowo

daktari

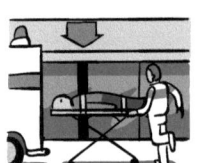

suudu heñaare

chumba cha dharura

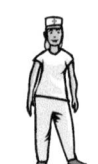

debbo cafroowo

muuguzi

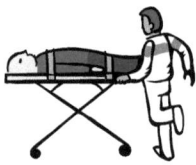

heñorde

dharura

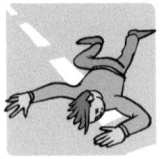

wondaane hakkile

kupoteza fahamu

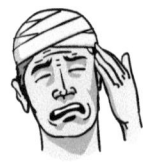

muuseeki

maumivu

gaañande

kuumia

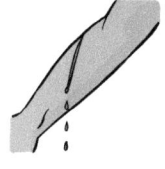

tuɗɗe ŷiiŷam

kutokwa na damu

muuseeki ɓernde

mshtuko wa moyo

piigol

kiharusi

nefo

mzio

ɗojjude

kikohozi

ɓandu wulooru

homa

pali

mafua

ndogu reedu

kuharisha

hoore muusoore

maumivu ya kichwa

kaaseer

kansa

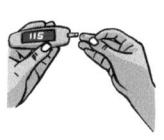

jabett

ugonjwa wa kisukari

oppiroowo

daktari mpasuaji

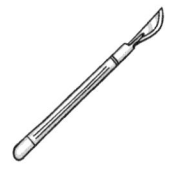

jaggirdi

kisu kidogo cha kupasulia

oppeere

operesheni

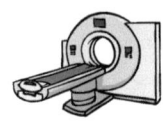

CT

picha changanufu ya mwili

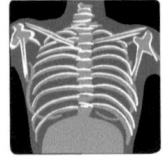

buuɗi x

Eksrei

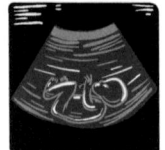

iltarasooŋ

mawimbi sauti

huurirdu yeeso

barakoa ya uso

rafi

ugonjwa

heblorde

chumba cha kusubiri

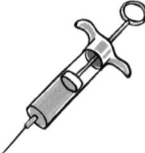

beeke

mkongojo

tabak

plasta

bandaas

bendeji

pinggu

sindano

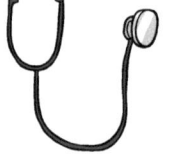

estetoskop

stetoskopu

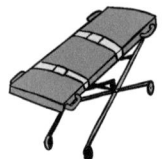

pooɗoowo

machela

termomeeter safrirdu

kipimajoto cha kliniki

jibinande

kuzaliwa

ɓuttiɗgol

unene kupita kiasi

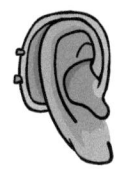

ballal nanirɗe

kusikia misaada

labbinoowo

kipukusi

raaɓo

maambukizi

wiriis

virusi

SIDAA

VVU / UKIMWI

lekki

dawa

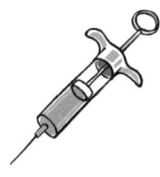

ñakko

chanjo

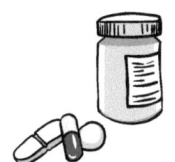

poɗɗe

vidonge

foɗɗere

kidonge

noddaango heñiingo

simu ya dharura

ÿeewtorde yaadu ÿiiyam

haemodainamometa

faawŋi / selli

mgonjwa / mwenye afya

Ballal
Msaada!

pindinoowo
kengele

njangu
pigo

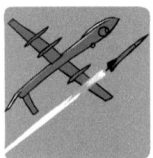

raaŋande
shambulizi

boomre
hatari

yaltirde yaawnde
lango la dharura

Jeyngol
Moto!

ñifoowo jeyngol
kizima moto

aksida
ajali

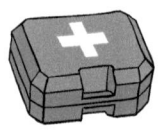

saawdu safaara gadano
vifaa vya huduma ya
kwanza

SOS
wito wa msaada

poliis
polisi

Orop

Ulaya

Amarik Rewo

Amerika ya Kaskazini

Amarik Worgo

Amerika ya Kusini

Afirik

Afrika

Aasi

Asia

Ostaraali

Australia

Atalantik

Atlantiki

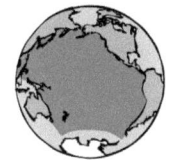

Pasifik

Pasifiki

Maayo Endo

Bahari ya Hindi

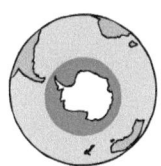

Maayo Antarkatik

Bahari ya Antaktiki

Maayo Arkatik

Bahari ya Aktiki

Baŋe Rewo

Ncha ya Kaskazini

Baŋe Worgo

Ncha ya Kusini

Antarkatik

Antaktika

Leydi

dunia

leydi

nchi

maayo

bahari

siire

kisiwa

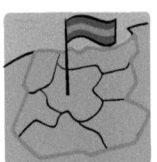

wuro

taifa

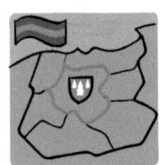

laamu

jimbo

yeeso waktu

uso wa saa

jungo waktu

akrabu ya saa

jungo hojoma

akrabu ya dakika

jungo majaango

akrabu ya sekunde

hol waktu?

Ni saa ngapi?

ñalawma

siku

saha

wakati

jooni

sasa

mantoor nattoowo

saa ya dijitali

hojoma

dakika

waktu

saa

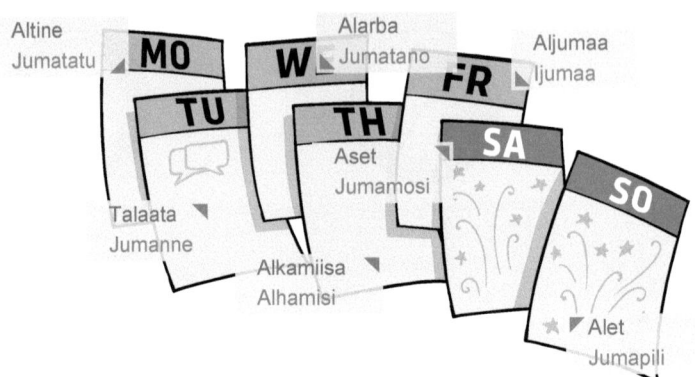

Altine
Jumatatu

Alarba
Jumatano

Aljumaa
Ijumaa

Talaata
Jumanne

Aset
Jumamosi

Alkamiisa
Alhamisi

Alet
Jumapili

hanki

jana

hande

leo

jango

kesho

subaka

asubuhi

ñalawma

saa sita mchana

kikiiđe

jioni

biir

siku za biashara

ñalđi

mwishoni mwa wiki

hitaande
mwaka

tobo
mvua
timtimol
upinde wa mvua
hendu
upepo
nees
theluji
demminaare
majira ya machipuko
ndunngu
vuli
ceeɗu
kiangazi
dabbunde
majira ya baridi

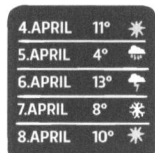

4.APRIL 11°
5.APRIL 4°
6.APRIL 13°
7.APRIL 8°
8.APRIL 10°

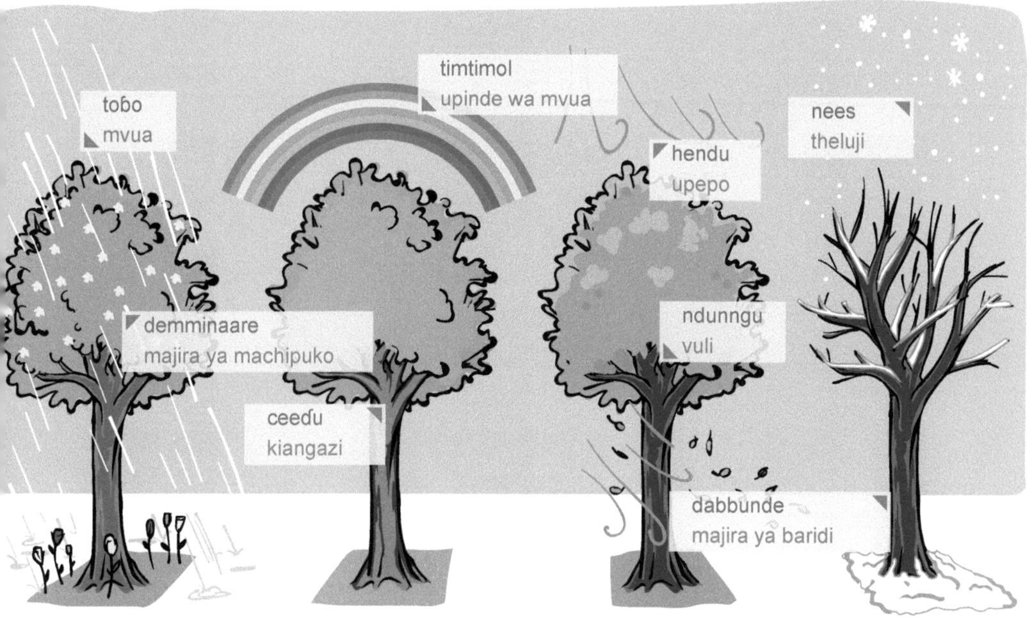

kabaaru weeyo

utabiri wa hali ya hewa

F C
120 40
90 30
60 20
30 10
0 0
-30 -10
-20

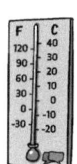

termomeeter

kipimajoto

naaŋini

mwanga wa jua

ruulde

wingu

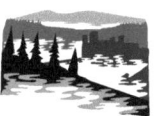

cuurki

ukungu

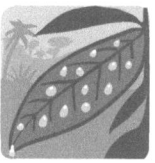

uddeende

unyevu

majje

umeme

gidaango

radi

hendu

dhoruba

huɗɗni

mvua ya mawe

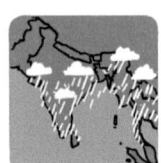

ruulɗini

monsuni

waame

mafuriko

nees

barafu

Siilo

Januari

Colte

Februari

Mbooy

Machi

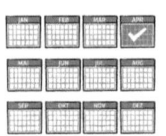

Seeɗto

Aprili

Duuyal

Mei

Korse

Juni

Morse

Julai

Juko

Agosti

Siilto

Septemba

Yarkoma

Oktoba

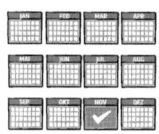

Jolal

Novemba

Bowte

Desemba

taarto

mduara

yaajeendi

mraba

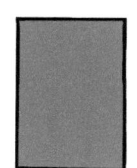

yaajo

mstatili

saraandi

pembetatu

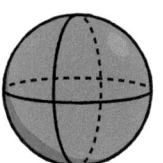

mbiifu

nyanja

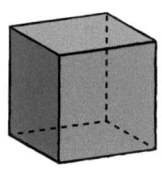

kiibb

mchemraba

daneejo

nyeupe

oolo

manjano

oraas

chungwa

roos

rangi ya waridi

boɗeejo

nyekundu

mboongu

hudhurungi

bulaajo

bluu

werte

kijani

cooyo

hanja

puro

jivujivu

ɓaleejo

nyeusi

heewi / seeɗa

mengi / kidogo

seki / deeyi

hasira / pole

yooɗi / soofi

nzuri / mbaya

fuuɗorde / gasirde

mwanzo / mwisho

mawɗo / tokooso

kubwa / ndogo

leeri / niɓɓiɗi

angavu / giza

maniraaɗo / miñiraaɗo

kaka / dada

laaɓi / tunwi

safi / chafu

timmi / manki

kamilika / tokamilika

ñalawma / jamma

siku / usiku

maayi / wuuri

wafu / hai

yaaji / faaɗi

pana / nyembamba

nano / nanotaako

kulika / kutolika

boni / moÿÿi

ovu / ema

softi / yoomi

sisimkwa / udhika

ɓuttiɗi / sewi

nene / nyembamba

adi / wattindi

kwanza / mwisho

sehil / gaño

rafiki / adui

heewi / ɓolɗi

jaa / tupu

muusi / weeɓi

ngumu / laini

teddi / hoyi

nzito / nyepesi

heege / ɗomka

njaa / kiu

faawɲi / selli

mgonjwa / mwenye afya

wona laawol / laawol

haramu / kisheria

feerti / muddiɗi

akili / kijinga

nano / ñaamo

kushoto / kulia

ɓatti / woɗɗi

karibu / mbali

keso / kiiɗɗo

mpya / kutumika

ndiga / huunde

kitu / jambo

nayeejo / suka

zee / changa

huɓɓi / ñifii

waka / zima

uditi / uddii

wazi / fungwa

deeŷi / dille

utulivu / kelele

alɗi / waasi

tajiri / masikini

goonga / fenaande

sahihi / kosa

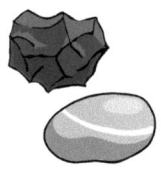

tiiɗi / nooyi

mbaya / laini

metti / weli

huzunika / furahia

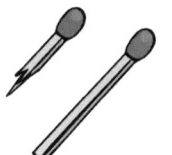

raɓɓiɗi / juuti

fupi /ndefu

leeli / yaawi

polepole / haraka

leppi / yoori

nyevu / kavu

wuli / ɓuuɓi

joto / baridi

hare / jam

vita / amani

ceeri - kinyume

0

ndiga

sufuri

1

gooto

moja

2

ɗiɗi

mbili

3

tati

tatu

4

nay

nne

5

joy

tano

6

jeegom

sita

7

jeeɗiɗi

saba

8

jeetati

nane

9

jeenay

tisa

10

sappo

kumi

11

sappoy goo

kumi na moja

12
sappoy ɗiɗi

kumi na mbili

13
sappoy tati

kumi na tatu

14
sappoy nay

kumi na nne

15
sappoy joy

kumi na tano

16
sappoy jeegom

kumi na sita

17
sappoy jeeɗiɗi

kumi na saba

18
sappoy jeetati

kumi na nane

19
sappoy jeenay

kumi na tisa

20
noogaas

ishirini

100
teemedere

mia

1.000
ujunere

elfu

1.000.000
miliyooŋ

milioni

Aŋale
....
Kiingereza

Aŋale Amarik
....
Kiingereza cha Marekani

Mandare Siinaaɓe
....
Kimandarini cha Uchina

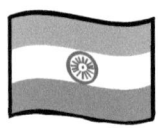

Hindi
....
Kihindi

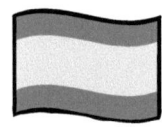

Españool
....
Kihispania

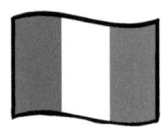

Farayse
....
Kifaransa

Arab
....
Kiarabu

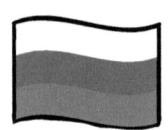

Riis
....
Kirusi

Portigees
....
Kireno

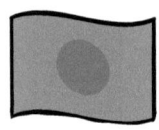

Bengali
....
Kibengali

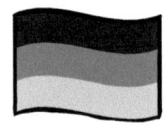

Almaa
....
Kijerumani

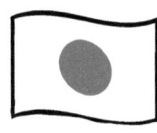

Sapponee
....
Kijapani

miin

mimi

an

wewe

kanko / kanko / kanum

yeye / yeye / ni

minen

sisi

onon

wewe

kamɓe

wao

holoon?

nani?

holɗuum?

nini?

holnoon?

jinsi gani?

holtoon?

wapi?

mande?

lini?

inde

jina

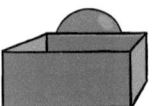

caggal
nyuma

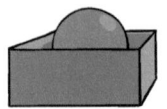

nder
katika

sawndo
mbele ya

dow
juu ya

e
kwenye

les
chini ya

sara
kando

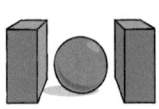

hakkunde
kati

nokku
mahali